# Quelqu'un m'attend derrière la neige

Timothée de Fombelle

# Quelqu'un m'attend derrière la neige

Illustré par Thomas Campi

GALLIMARD JEUNESSE

Les hirondelles ne fêtent pas Noël.

Quand l'hiver vient, elles sont au-dessus des forêts d'Afrique à se baigner dans l'air trempé. Elles dessinent des boucles dans le ciel. Elles montent très haut puis redescendent en flèche et restent quelques secondes sur le dos, frôlant les cimes des arbres, fendant le nuage de feuilles et de fleurs qui flotte à la surface des forêts.

Les hirondelles ne comprennent pas pourquoi elles sont revenues là passer l'hiver, au-dessus des collines, sur les toits brûlants de ce village de terre cuite et de tôle.

Elles y ont juste des souvenirs. Des souvenirs enfouis dans leurs petits corps de vingt grammes ou dans celui de leurs ancêtres.

Pourquoi sont-elles soudain parties vers le sud? Elles n'en savent rien. Elles ne fuient même pas vraiment la neige, dont elles ont seulement entendu parler, ni le froid, mais elles se sentent incapables de ne pas être là, à disperser les moucherons, à gribouiller le bleu du ciel.

Les hirondelles ne s'occupent pas non plus de ces petits êtres qui s'agitent en dessous d'elles: les hommes. Elles les voient se promener de continent en continent sans qu'ils puissent décoller du sol. Elles les regardent franchir le désert, en file indienne, s'enfoncer parfois dans le sable et disparaître. Et quand elles survolent les flots, elles les comptent par centaines, englués dans leur pesanteur, traversant la mer blanche sur un bouchon de bois.

La plupart des hirondelles ne connaissent rien d'autre de l'humanité, de ses tragédies et de sa beauté, que ces silhouettes minuscules tout en bas qui se croient grandes sur la terre mais ne dépassent pas le plus petit de leurs arbres.

Car il ne faut pas idéaliser les oiseaux. En dehors de la passion du vol qui fait leur âme et leur poésie, les hirondelles ne s'occupent que d'elles. Elles n'ont que trois points cardinaux dans le triangle minuscule de leur tête : le nid, les petits, la survie.

Gloria, elle, n'avait rien de cela.

Elle n'avait jamais fait de nid, jamais eu de petits. Elle se moquait un peu de survivre : elle vivait.

Alors pourquoi, un matin de décembre, volait-elle à contre-courant dans le ciel ?

Pourquoi cette hirondelle avait-elle quitté depuis plusieurs jours le fil de l'équateur qui aurait dû la retenir en hiver ?

Gloria était seule. Elle volait depuis très longtemps. Elle avait vu le désert se jeter dans la mer, puis la terre naître à nouveau sous la brume. Elle traçait vers le nord en plein cœur de l'hiver.

Un peu plus loin, au même instant, Freddy d'Angelo filait dans la même direction. Il conduisait un petit camion frigorifique jaune sur lequel était écrit en belles boucles rouges :

*Gelati Pepino & Schultz*

Parti de la ville de Gênes au milieu de la nuit, il avait passé tous les tunnels qui longent la mer entre l'Italie et la France. Il se penchait souvent au-dessus du volant pour chercher dans le ciel les premiers signes de la tempête de neige qu'on annonçait depuis trois jours. Il écoutait une vieille cassette de Frank Sinatra qui semblait chanter Noël mais qu'il faisait tourner en toute saison, surtout en plein été, lui qui détestait les fêtes.

Freddy travaillait depuis trente-sept ans pour les glaces Pepino & Schultz. Malgré son nom italien, Freddy d'Angelo ne parlait pas un mot de cette langue. Il vivait seul dans un petit village du nord de la France, le long de l'autoroute A26.

Par conscience professionnelle, il n'avait jamais goûté les crèmes glacées qu'il transportait. Ces glaces avaient eu un immense succès en Europe quelques années plus tôt, du temps où on pouvait croiser une douzaine

de camions jaunes Pepino & Schultz sur les routes. Mais la gloire n'avait pas duré. L'entreprise allait mal. Il n'y avait plus que deux chauffeurs. L'un s'occupait de l'Italie, et Freddy livrait en France et en Angleterre.

Ce jour-là, veille de Noël, le petit camion jaune traversait le matin froid avec à son bord, enfermées à triple tour, six cents boîtes de glace aux marrons ou au lait d'amandes, chargées en Italie et à livrer la nuit suivante dans le centre de Londres. Freddy d'Angelo maudissait cette commande de dernière minute alors qu'il avait vidé un demi-camion chez le même client anglais la semaine précédente. Il se plaignait de l'irresponsabilité des gens, de la neige

annoncée, et surtout du passage par Calais, de la guérilla autour du tunnel sous la Manche qui concentrait depuis des mois toutes ses colères et ses peurs. Il se barricadait quand il approchait de la côte. Il ne ralentissait pas et regardait avec frayeur les ombres courir autour de lui. Freddy n'aimait pas cela. Il ruminait des heures dans son camion au sujet du grand désordre de ce temps, du monde en perdition, envahi, méconnaissable. Mais au fond, tout au fond, il n'était pas mécontent d'être sur les routes, malgré ce monde à feu et à sang, plutôt que seul dans son pavillon avec le néon clignotant de la cuisine.

Freddy avait compté. Cela ferait bientôt cent jours que personne ne lui avait vraiment adressé la parole. Par honnêteté, il oubliait les phrases de moins de trois mots : *Bonsoir* ou *Poussez-vous*. Cent jours...

A16
E 402
PARIS
ROUEN
BOULOGNE
MARQUISE
CALAIS
FRETHUN

NEL S/S
ANCHE
900

Il avait déjà vécu des solitudes de ce genre pendant trente-cinq ou quarante jours, mais autrefois cela finissait toujours par une discussion entre deux tables à la buvette du ferry ou quelques mots échangés à propos de son camion jaune avec un amateur de vieilles carrosseries.

En cherchant plus loin, il se rappelait même de vraies conversations, il y a très longtemps. En ce temps-là, Freddy avait été secrètement amoureux de la femme du dépôt de glaces, chez Pepino & Schultz, à Gênes.

Elle s'appelait Emilia. C'était la seule employée à parler un peu français. Ils pouvaient rester plus de vingt minutes à discuter tous les deux à côté du camion. Comme il y avait des courants d'air froids, elle se mettait sur la pointe des pieds, elle serrait

Pepino & Schultz
ITALIAN ICE CREAM
Pepino & Schultz
ICE-CREAM

contre elle son grand cahier entre ses bras croisés et elle levait les épaules jusqu'aux oreilles pour se réchauffer.

– Et vous regardez les paysages quand vous roulez? demandait-elle.

– Quels paysages?

– Je ne sais pas. La mer… Les blés…

Il souriait, ce qui était très rare chez lui.

– Non.

Il n'avait jamais pensé à regarder la mer ou les blés. Emilia lui faisait des reproches sans fin. Elle ne pouvait pas le croire.

Freddy d'Angelo la regardait en souriant encore. Ces moments à ses côtés au petit matin, avec l'odeur du café et le roulement de tambour du moteur, lui paraissaient durer des nuits entières.

Mais un jour Emilia avait été renvoyée. Elle était partie si vite qu'il n'avait pas eu le temps de lui avouer tout ce qu'il pensait d'elle, ni même de lui dire au revoir.

En franchissant le péage, Freddy réfléchissait. Il se disait qu'à l'arrivée à Londres, la nuit suivante, il irait dans un certain café français où un serveur l'avait sauvé de l'isolement, un autre matin de neige, en lui demandant s'il préférait le poisson en beignet ou bien pané. Ils avaient un peu devisé ensemble : cannes à pêche, hameçons numéro douze, fritures et souvenirs d'enfance. Freddy n'en demandait pas plus, lui qui parlait seul au volant pendant des kilomètres et jouait à se présenter à un passager imaginaire, assis à côté de lui sur la banquette, lui expliquant

qu'il était un brave type, pas très bavard, un peu sauvage et plutôt solitaire.

– Mais vous ? demandait-il enfin. Je parle, je parle, et vous ne m'avez encore rien dit.

Il jetait un regard vers son passager fantôme puis il hochait la tête en écoutant attentivement et répondait un mot de temps en temps comme si la boîte à outils posée à côté de lui s'était mise à lui raconter sa vie.

Gloria volait à quatre-vingts à l'heure au-dessus des pins. Le vent faisait vibrer l'arc de ses ailes. Elle n'arrivait pas à comprendre ce qui la poussait dans cette direction. Gloria se savait différente, un peu en marge de son espèce, mais elle n'échappait pas à ces commandements intérieurs, inexplicables, qui dirigent la vie des oiseaux. Elle vivait l'instinct comme un esclavage alors que la plupart des autres hirondelles y voyaient un grand repos pour l'esprit. Cependant, l'appel qui l'invitait vers le nord ce matin de décembre n'était pas du même genre. Ce n'était pas seulement l'instinct des migrateurs. Elle sentait que cet appel était lancé à elle seule, à sa liberté. Elle se disait simplement qu'on l'attendait là-haut.

Gloria était née seize ans plus tôt entre les poutres d'un hangar, près d'une petite falaise. Elle y avait passé ses premiers printemps, suivant ses sœurs vers le sud avant la fin de l'été. Elle aimait ces allers-retours épuisants au-dessus des sables, de l'eau, des forêts. Elle aurait pu grandir ainsi, exactement comme toutes les autres. Mais dès son troisième hiver, en Afrique, elle avait eu un accident. Elle avait fait éclater les carreaux d'une église de brousse. Une vitre bleue qui reflétait le ciel et donnait envie d'y plonger. Gloria s'était retrouvée en sang sur la terre battue. Un enfant la ramassa le matin de Noël et la garda dans sa main droite serrée contre son cou.

– N'aie pas peur.

Grâce à lui, elle avait aujourd'hui un nom, ce qui n'arrive presque jamais aux oiseaux, et surtout elle était toujours en vie.

Elle se reposa plusieurs semaines dans une boîte de lait concentré aménagée en lit d'hôpital.
Le petit garçon prit soin d'elle, la nourrit et la réconforta.
Il l'appela *Gloria* à cause de la marque de lait sur la boîte.

Cet hiver changea tout dans sa vie d'hirondelle. Elle ouvrit enfin les yeux sur l'existence des hommes. Et quand elle quitta sa boîte de lait concentré, juste avant le printemps, Gloria savait qu'elle ne cesserait plus jamais de se préoccuper de cette vie horizontale qu'elle avait découverte en tombant sur la terre. Pendant toutes les années qui suivirent, elle passa donc son temps à observer, à écouter, à se cacher dès qu'elle le pouvait dans le plafond des maisons. Elle escortait des vagabonds pendant des journées entières.

Les autres hirondelles ne s'interrogent jamais sur les causes de leurs propres drames comme la raréfaction des granges ou des moucherons. Mais Gloria cherchait même à comprendre des phénomènes qui ne la concernaient pas. Les chagrins, les amours, les guerres, les jeux d'enfants.

Gloria

Pendant ses grands voyages de printemps et de fin d'été, elle rôdait dans les champs de bataille et les immeubles brûlés. Elle suivait les cortèges de noce ou bien les familles qui prenaient la route pour tenter de trouver la paix quelque part.

Cette métamorphose, elle la devait au petit garçon qui l'avait sauvée et qu'elle n'avait pas retrouvé, l'année suivante, dans ce village abandonné sur une rive du fleuve Congo. Où était-il passé ? Elle le chercha plusieurs semaines sur les chemins. Il avait dix ans, les mêmes yeux noirs qu'elle. Elle ne se souviendrait peut-être pas de ses traits si elle le recroisait. Elle savait juste qu'il n'avait plus qu'une seule main, la droite. L'autre bras s'arrêtait au coude dans la manche cousue de sa chemise.

Elle ne le trouva pas, mais se promit de se rappeler qu'elle lui devait tout. Elle sentait chez ce garçon quelque chose qui lui ressemblait. Le jour où ils s'étaient séparés, il l'avait regardée s'éloigner jusqu'à ce qu'elle disparaisse. S'il avait eu ses deux mains pour battre l'air, il se serait sûrement envolé avec elle.

La neige commença à tomber à six heures de l'après-midi. Freddy d'Angelo avait contourné Paris. Il venait de dormir une heure sur un parking. La réfrigération ronronnait dans son dos. Il aimait ce petit camion qui était sa vraie maison. Le moteur avait déjà été changé deux fois mais la carrosserie ne bougeait pas depuis presque quarante ans. Il tapissait lui-même l'intérieur avec du velours, repeignait les lettres rouges quand elles pâlissaient.

Il alluma les essuie-glaces pour chasser les premiers flocons et il démarra. Il aurait aimé arriver à Calais avant la nuit. Il ne pouvait plus vraiment l'espérer.

Une heure plus tard, Freddy entendit trois notes retentir dans la portière. Il passa la main contre le siège et attrapa son téléphone qui ne sonnait jamais. L'écran annonçait un message de la part de Pepino & Schultz. Il ne l'ouvrit pas tout de suite, reposa le téléphone à côté de lui, roula encore un peu en se demandant ce que son employeur pouvait bien lui vouloir. Plus loin, il s'arrêta sur une aire déserte où blanchissaient quelques arbres et une cabane.

C'était un message de deux mots en anglais qui disait que la livraison était annulée. Il resta plusieurs minutes immobile, comme si d'autres informations allaient surgir. Il pressa finalement trois fois sur le point d'interrogation,

Pepino & Schultz
ICE CREAM

envoya le message et attendit patiemment en regardant le travail des essuie-glaces sur la neige.

Les trois notes résonnèrent encore. Trois nouveaux mots en anglais indiquaient que des instructions arriveraient après Noël.

Freddy s'attendait à ce qu'il y ait un jour un problème. Il savait que le client de Londres n'avait pas payé les dernières livraisons, qu'il y avait très peu d'autres contrats en vue et que l'entreprise Pepino & Schultz était dans une mauvaise passe.

Il patientait encore dans son camion, un peu perdu, quand un troisième message autoritaire apparut :

*Go home please*

C'était à cela qu'il pensait depuis le premier instant. Devoir rentrer chez lui, à quelques heures de là, pour attendre une nouvelle consigne. Brancher son camion dans le garage sous la maison. Allumer la cuisine. Regarder les deux chaises autour de la table pendant que le café chaufferait.

Tout cela lui paraissait au-delà de ses forces.

Il ne vit pas passer au même instant au-dessus du camion la petite arbalète noire au ventre blanc, une hirondelle égarée dans l'hiver.

Malgré la splendeur de cette neige qu'elle découvrait et la douceur des flocons glissant sur ses plumes, Gloria savait qu'elle ne pourrait plus tenir longtemps. Pour les hirondelles, la seule frontière qui existe est mouvante et invisible. C'est celle qui sépare le monde où il fait plus de dix degrés du reste de la planète.

Au cours des saisons, cette frontière ne cesse de se déplacer, d'avancer ou de reculer, comme un filet dérivant, dangereux. Elle délimite une zone infréquentable.

Gloria avait plongé dans ce monde interdit, mais une petite voix continuait de répéter en elle :

– Quelqu'un m'attend derrière la neige.

La nuit était tombée. Gloria venait d'entrer dans un village. Il fallait trouver un abri. Elle était au bout de ses réserves.

Elle se laissa d'abord guider par un son grave qui l'attirait. L'orgue la mena aux lumières d'une église. Elle fit trois ou quatre fois le tour du clocher, aveuglée par la neige. Elle n'avait pas oublié que, même les nuits de Noël, les vitraux sont tranchants pour les ailes des oiseaux.

Gloria chercha longuement une ouverture. Pour la première fois, elle douta de ce qu'elle était venue faire là.

Elle entendait les voix chanter derrière le sifflement du vent. Elle crut trouver refuge dans un trou de l'ardoise, mais la pierre était si froide et la température de son corps baissait si vite qu'elle se jeta à nouveau dans la tempête.

Alors, à la fin d'une dernière boucle aérienne, elle aperçut dans une rue voisine un rectangle de lumière blanche qui rétrécissait.

C'était une porte de garage en train de se fermer.

Freddy d'Angelo était assis chez lui, dans sa cuisine. Il écoutait trembler les deux boîtes de conserve qu'il avait placées dans une casserole d'eau bouillante pour les réchauffer. Le néon blanc clignotait toujours derrière sa chaise. Il avait sorti la cassette de Sinatra du camion et l'avait enfoncée dans le magnétophone à piles posé sur le radiateur de la cuisine. Mais il ne l'avait pas encore allumé pour pouvoir attraper au vol les éclats de voix venus de l'église voisine.

Qu'allait-il faire du reste de sa vie ?

Ce monde n'était plus fait pour lui. Et si maintenant les glaces Pepino & Schultz disparaissaient, que resterait-il sur terre de ce qu'il avait été ? Il pensait aux cent derniers jours qu'il avait passés sans échanger un mot avec personne.

Il attendait qu'il arrive enfin quelque chose.

Soudain, le néon s'éteignit. L'obscurité envahit la cuisine tandis qu'un bruit assourdissant faisait vibrer le carrelage sous ses pieds.

Freddy reconnut tout de suite ce bruit : une corne de brume, le vacarme d'un paquebot qui s'en va.

C'était le klaxon qu'il avait choisi dans un bazar de Marseille, trente ans plus tôt. Sa sonnerie lui avait sauvé la vie plusieurs fois quand des poids lourds le doublaient sur l'autoroute sans le voir. Mais la grande fierté de Freddy était surtout de l'avoir relié à la réfrigération du camion pour signaler les pannes électriques. Il avait inventé cette astuce au lendemain de la livraison d'un chargement de glace fondue, dans une brasserie des Champs-Élysées. Une vague de crème violette s'était déversée sur le trottoir. Les gens applaudissaient autour de lui. Il se réveillait la nuit en y repensant et il s'était juré de ne pas revivre une telle humiliation.

Freddy d'Angelo prit une lampe de poche, alluma une bougie qu'il laissa sur la table et descendit l'escalier.

Le courant de toute la maison avait sauté en même temps que celui du camion. Le braillement du klaxon ne s'arrêtait pas. Freddy entra dans le garage qu'il balaya avec le faisceau de sa lampe. Puis il ouvrit la portière avant du camion et baissa un levier sous le volant.

Le silence total revint.

Freddy tira une échelle et grimpa sur le toit de la cabine. C'était là que se trouvait le climatiseur et probablement la cause de la panne générale. Il arrivait souvent que la machine avale des chiffons errants ou des feuilles mortes sur la route et déclenche des courts-circuits. Mais rien dans ce garage parfaitement ordonné ne pouvait avoir été aspiré par la ventilation.

Il retroussa ses manches, enfonça lentement son poing dans le boîtier du climatiseur.

Il s'arrêta, hésita en fermant les yeux et retira la main avec le même soin.

Il tenait entre ses doigts, éclairée par la lampe, une boule de plumes encore chaude. Un oiseau au ventre blanc. Au milieu de la nuit glaciale, il avait dû vouloir se réfugier dans ce trou d'air brûlant et avait provoqué la panne générale.

L'oiseau était mort.

Mais, au creux de sa main, Freddy devinait encore l'énergie de la lutte et des voyages, le relâchement qui suit les grands efforts. Pour la première fois, il sentit les larmes monter dans ses yeux... La certitude qu'il se passait enfin ce qu'il attendait : des vies qui se croisent et se frottent tout près de lui. Un événement. Quelque chose.

Il ne pensait plus. Il se laissait juste porter par ce pressentiment. Il mit l'oiseau délicatement dans la poche de sa blouse et redescendit de l'échelle.

Freddy d'Angelo se dirigea vers la double porte du camion. Il avait sur les genoux un reste de neige récolté sur le toit. Il ouvrit les trois cadenas et tira les portes en grand.

Il tourna sa lampe vers l'intérieur du coffre.

Assis sur les caisses de glace, quelqu'un le regardait. Il était habillé d'un manteau de laine, d'une écharpe et d'un bonnet.

C'était un homme d'un peu plus de vingt ans, noir, la barbe couverte de givre.

Freddy le contemplait, à peine surpris de le découvrir.

– Angleterre ? demanda le jeune homme, les yeux brillants.

– Non... France, dit Freddy comme s'il s'excusait.

Il baissa un peu la lampe pour ne pas l'éblouir. Le passager avait dû embarquer en Italie, la nuit précédente, pendant le chargement dans le dépôt de Pepino & Schultz, mais il venait de beaucoup plus loin. Il espérait gagner l'Angleterre.

– Il fait moins vingt dans ce camion, dit Freddy. Sans cette panne vous seriez mort de froid. Je ne pensais pas reprendre la route avant deux jours. Vous étiez foutu. Vous avez eu beaucoup de chance.

– Merci.

– Ce n'est pas moi, répondit Freddy. Je n'y suis pour rien.

Il sentait le poids de l'oiseau dans sa poche.

– Monsieur, dit le garçon, s'il vous plaît, j'ai un peu faim.

Ces quelques paroles alignées firent déborder le cœur de Freddy d'Angelo. Presque dix mots d'un coup. Il regarda sa montre. Il n'était pas minuit. Les cent jours n'étaient pas encore écoulés.

Il aida le jeune homme à descendre, le prit par l'épaule. Ils sortirent du garage tous les deux, laissant le camion ouvert. Les boîtes de glace n'avaient plus aucune importance. Freddy n'avait même pas pensé à rallumer l'électricité de la maison.

Ensemble, ils montèrent le petit escalier. Ils se tenaient la main comme deux enfants. Quand ils entrèrent, la cuisine leur parut merveilleusement chaleureuse.

L'odeur des raviolis dans les boîtes, la vapeur sur la vitre, la bougie posée sur la table. On entendait les voix des fidèles s'éparpiller dans les rues et les craquements des pas dans la neige.

Freddy d'Angelo installa l'homme sur l'une des chaises, retira doucement le bonnet luisant de glaçons. Puis il sortit de sa poche l'hirondelle morte et lui fit un nid dans une boîte de sucre juste à côté de la bougie.

Il prit deux assiettes, deux verres et une bouteille de vin.

– Je vais enlever votre manteau, dit-il.

Il passa derrière lui pour l'aider et remarqua que le jeune homme ne quittait pas des yeux l'hirondelle sur la table et qu'il paraissait bouleversé.

– C'est elle qui vous a sauvé la vie, expliqua Freddy. Elle seule. C'est incroyable.

Il pensait au mystère de ces trois chemins si différents qui les avaient conduits autour de cette table.

En retirant le manteau de laine, concentré sur chaque geste, Freddy découvrit qu'il manquait à l'homme l'avant de son bras gauche. Et la manche de sa chemise était cousue sur elle-même, comme un fourreau, à la hauteur de son coude.

Freddy vida les boîtes de conserve dans les assiettes. Il appuya sur le bouton du magnétophone, se posa enfin sur sa chaise.

Avant même que la musique commence, il releva la tête. À la lueur de la flamme, il vit qu'ils pleuraient tous les deux.

Loi n° 49-956 du 16 juillet 1949
sur les publications destinées à la jeunesse

Mise en pages : Karine Benoit
ISBN : 978-2-07-509366-8
Numéro d'édition : 325291
Dépôt légal : novembre 2019
Imprimé en Italie par L.E.G.O. Spa

Certifié PEFC
Ce produit est issu de forêts gérées durablement et de sources contrôlées
PEFC/18-31-280
www.pefc-france.org